DOROTHEA FLECHSIG arbeitete viele Jahre als Journalistin für verschiedene Zeitungen und Magazine. Inzwischen veröffentlicht sie Geschichten für Kinder. Sie absolvierte eine Ausbildung zur Drehbuchautorin und unterrichtet Erwachsene und Kinder im Kreativen Schreiben.

KATRIN INZINGER arbeitet als Illustratorin, Character Designerin, Trickfilmzeichnerin und Storyboarderin. Sie lebt mit ihrer Familie in Berlin.
Die Covergrafik und die Grafiken auf Seite 3, 55, 94 und 111 sind von dem Hamburger Künstler Christian Puille.

Dorothea Flechsig

Petronella Glückschuh

Naturforschergeschichten

Illustrationen von Katrin Inzinger

Glückschuh Verlag

Weitere Bücher und Hörbücher von Dorothea Flechsig im Glückschuh Verlag:

Petronella Glückschuh – Tierkindergeschichten
Petronella Glückschuh – Naturforschergeschichten
Petronella Glückschuh – Tierfreundschaftsgeschichten

Sandor – Fledermaus mit Köpfchen
Sandor – Abenteuer in Transsilvanien
Sandor – Not macht erfinderisch
Sandor – Der geheime Schwarm

Pünktchen, das Küken
Pünktchen feiert Geburtstag

Das unsterbliche Nashorn

Ritter Kahlbutz, Besuch aus der Vergangenheit

Kleiner Dreckspatz Aurelia – Wasch dich doch mal!
Kleine Nachteule Aurelia – Schlaf doch mal!
Kleines Klammeräffchen Aurelia – Lauf doch mal allein!

© 2014/2021 Glückschuh Verlag
Alle Rechte vorbehalten
Einband Christian Puille, Illustrationen: Katrin Inzinger
Satz: GGP Media GmbH
Druck und Bindung: GGP Media GmbH
Printed in Germany 2021, 3. Auflage

Buch: ISBN 978-3-943030-55-6
eBook: ISBN 978-3-943030-24-2

www.glueckschuh-verlag.de

INHALT

Petronella ist ungefähr
so alt wie du!

Die allerbeste Medizin

„Ach du Schreck!", das Geräusch kennt Petronella zu gut. Der alte Motor des Glückschuh-Kleinbusses brummt auf eine ganz eigene Art und Weise. Hastig watet Petronella durchs Wasser und versteckt sich unter der Steinbrücke. Erst beim Frühstück hatte ihr Vater ausdrücklich verboten, dass sie alleine im Bach herumkraxelt. Das Wasser sei zu frisch, sie könne sich erkälten oder an Scherben verletzen. Jetzt hält das Auto direkt auf der Brücke, und Petronella hört wie sich die Tür öffnet und Schritte näherkommen.

„Das ist Papa!", erschreckt sich Petronella. „Hoffentlich sieht er mich nicht!" Petronella fallen ihre Sachen ein, die verräterisch am Bachufer liegen.

„Komm sofort aus dem Wasser!", hört sie seine tiefe Stimme von oben.

Ertappt! Petronella tut ganz überrascht und kriecht unter der Brücke hervor.

„Ah! Hallo, Papa! Ich war gerade auf dem Weg nach Hause."

„Soso! Mittagessen steht auf dem Tisch! Aber los jetzt!", befiehlt ihr Vater.

„Ja ja, ich sause wie der Wind!" Petronella läuft schnurstracks zu ihrem Rad, setzt sich ins Gras und kämpft mit den Strümpfen, die sich gar nicht leicht über die nassen roten Füße ziehen lassen. Petronellas Vater fährt im Bus voraus.

Petronella schaut nachdenklich in ihren Eimer. „Zwei sind bestimmt zu wenig." Gerade als sie in ihre Turnschuhe schlüpfen will, entdeckt sie im Bach noch einen sehr großen, dunklen Blutegel.

„Na warte, dich hol ich auch noch!" Sofort zieht sie ihre Strümpfe wieder aus, schlägt die Hosenbeine hoch und watet an das Wurmgetier heran.

Das ist gar nicht so einfach. Denn der Blutegel schlängelt sich mit Tempo davon und sucht sich die tiefste Stelle des Baches aus, um sich auf einem Stein auszuruhen. Je näher Petronella zu ihm kommt, umso höher steigt das Wasser an ihren Beinen. Ihre umgeschlagenen Hosenbeine sind schon nass und kleben an der Haut.

Doch sie braucht diesen Blutegel ganz dringend für ihre Oma Anneliese. Denn die leidet schon lange an Arthrose, ihr schmerzen die Kniegelenke. Und Petronella hatte am Morgen zufällig eine Frau im Radio gehört, die sagte: „Blutegel waren meine Wunderheiler! Dank dieser Würmer, bin ich wieder gesund!"

Zum Glück hat sie dieser Sendung aufmerksam gelauscht und zum Glück kennt sich Petronella gut aus und weiß immer, wo was zu finden ist.

Vorsichtig tastet sie sich mit den Fußzehen weiter an den Blutegel heran.

Sie ist nur noch zwei, drei Schritte entfernt, aber die Stelle ist einfach zu tief.

„Besser ist es, ich ziehe die Hose auch noch aus", denkt sie, doch da rutscht sie aus und plumpst ins Wasser.

Petronella erschrickt. „Pffuuh!", prustet sie und wischt sich mit den Händen das Wasser aus dem Gesicht. Jetzt ist sie klitschnass.

„Wo ist denn der Blutegel hin?" Nun kann sie den Kopf auch noch unter Wasser stecken, um ihn mit offenen Augen leichter zu finden.

Das Wasser ist tatsächlich eisig. Petronella hält die Luft an und sucht den Grund ab. Da schlängelt der kleine Blutsauger auf ihren rechten Fuß zu. Sie packt ihn mit festem Griff hinterm Kopf und eilt dann sofort aus dem Wasser. Schnell bringt sie den Fang in ihren Eimer.

Petronella ist es kalt. Ihre Kleider kleben an ihrer Haut. Sie kann sich ohne Handtuch nicht einmal trocken reiben.

Kurz entschlossen zieht sie ihre nassen Klamotten einfach aus. Sie stopft Hose und T-Shirt auf ihren Gepäckträger.

Nur in nasser Unterhose und in Turnschuhen radelt sie nach Hause. Der halb gefüllte Eimer mit den drei Blutegeln schaukelt an ihrem Lenker. Das Bachwasser schwappt hin und her.

Als Petronella zu Hause ankommt, steht ihre Schwester Philine am Gartentor: „Na, du kriegst Ärger! Und wie läufst du überhaupt rum?"

Petronella antwortet nicht und schiebt ihr Fahrrad in den Keller. Sie wirft ihre nassen Kleider vor die Waschmaschine und zieht jetzt auch ihre nasse Unterhose aus. Den Eimer mit den kriechenden „Wunderheilern" stellt sie in eine dunkle Ecke im Keller.

Jetzt will sie erst einmal essen und gleich danach ihre liebe Oma Anneliese überraschen.

Nackt läuft sie die Treppe hoch in die Wohnung und gerade als sie an der Küchentür vorbei schleichen will, muss sie laut niesen.

Ihre Mutter öffnet die Tür. „Petronella! Warum bist du nackt?"

Philine kommt dazu und gluckst kichernd: „Die spinnt, die fährt sogar ohne Klamotten durchs Dorf."

„Das stimmt nicht! Ich hatte meine Schuhe und meine Unterhose an!", verteidigt sich Petronella.

„Such dir etwas Warmes und dann sofort zu uns in die Küche!", befiehlt Petronellas Mutter streng. Petronella gehorcht.

Als sie schließlich in die Küche kommt, steht nur noch ihr Teller auf dem Tisch. Petronella kriecht schweigend auf die Eckbank. Ihr Vater reicht ihr eine Schüssel mit Kartoffelbrei.

„Wir hatten eine Abmachung, dass du nicht zu spät zum Essen kommst! Ich habe keine Lust, jeden Tag herumzufahren und dich zu suchen! Und der Bach ist tabu!"

„Ja, schon, aber ..."

„Kein aber! Ab heute hörst du, was wir sagen!"

Petronella kommt gar nicht dazu, ihrem Vater zu erklären, dass sie doch nur im Bach war, um Oma Anneliese zu helfen. Eltern können manchmal sehr ungerecht sein.

Petronella weiß, dass sie eigentlich alles richtig gemacht hat, aber sie schweigt lieber, bevor ihr Vater ganz sauer wird.

Kaum sind die Eltern aus dem Haus, holt Petronella ihren Eimer aus dem Keller und radelt damit zu ihrer Oma, die nur zwei Straßen weiter in einem kleinen weißen Haus wohnt. Sie kann es gar nicht erwarten, ihre Oma zu heilen.

Die Haustür bei Oma Anneliese ist immer offen. Man muss nur kräftig dagegen drücken.

„Oma, Oma, ich habe ein Wundermittel für dich!" Petronella rennt rufend mit dem halb gefüllten Eimer die Treppe hoch. Dabei schwappt abwechselnd rechts und links Wasser auf die ausgetretenen Stufen.

Aber wo steckt Oma Anneliese? Petronellas Großmutter liegt im Wohnzimmer auf dem Sofa und schläft.

Petronella beugt sich nah an ihr Gesicht und flüstert: „Oma, wach auf! Ich habe dir etwas mitgebracht." Aber Oma Anneliese seufzt nur seltsam und dreht sich zur Seite. Petronella kennt das schon. Ihre Großmutter hört nicht mehr gut, und sie kann so tief schlafen, dass Petronellas Vater sie sogar darum beneidet: „So einen gesunden Schlaf wie Anneliese möchte ich auch mal haben!", sagt er immer.

Im vergangenen Jahr hätte Oma Anneliese beinahe das ganze Geburtstagsständchen der Dorfblaskapelle verschlafen, wenn Petronella sie nicht rechtzeitig wachgerüttelt hätte.

Die Kapelle musizierte direkt unter Oma Annelieses Fenster. Eine ganze Kapelle, die macht wirklich Lärm. Aber erst zum Schlussakkord kam Oma Anneliese verschlafen ans Fenster und bedankte sich freundlich für die gelungene Blasmusik.

Petronella setzt sich nun neben ihren Eimer auf dem Fußboden und betrachtet abwechselnd ihre schlafende Oma und dann wieder die Blutegel.

„Vielleicht ist es nicht so schlecht, wenn ich Oma verarzte, während sie schläft", denkt Petronella. „Dann ist die Überraschung noch größer!"

Vorsichtig schlägt sie die Wolldecke am Fußende um.

„Welches Knie ist es denn, was ihr wehtut?", überlegt sie. Petronella ist sich nicht ganz sicher. Sie fühlt an beiden Knien, und das Linke fühlt sich ein bisschen wärmer und weicher an.

Petronella schließt daraus, dass dieses Knie bestimmt das kranke Knie sein müsse. Denn kranke Stellen am Körper sind ja häufig etwas geschwollen.

Sie holt den ersten Blutegel aus dem Eimer, packt ihn mit zwei Fingern und legt ihn auf das kranke Knie. Zuerst bewegt der Blutegel sich kaum, und auch Oma Anneliese rührt sich nicht.

Sie atmet immer nur gleichmäßig ein und macht dabei: „Hiiih". Und dann stößt sie die schwer eingesogene Luft mit einem lang gezogenem „Pffff" wieder aus.

Petronella setzt den zweiten Blutegel aufs linke Knie. Dieser ist eifriger, kriecht munter umher und saugt sich fest.

Der erste Blutegel sucht sich nun auch eine geeignete Stelle und saugt sich fest.

Gerade als Petronella den dritten Blutegel im Eimer greift, platzt Philine ins Zimmer. „Ihh! Was machst du denn da?", ruft sie entsetzt.

„Pssst. Ich habe für Oma Anneliese Blutegel aus dem Bach geholt!"

„Uhhh! Was willst du denn damit? Das ist ja ekelhaft!" Philine muss lauter als die Blaskapelle gesprochen haben, denn Oma Anneliese wacht auf.

„Du hast ja einen totalen Knall!", schimpft Philine weiter.

Oma Anneliese setzt sich auf und sieht ihre beiden Enkelinnen an. „Was sorgt hier so für Empörung?", fragt sie interessiert und reibt sich die Augen.

„Und was hast du da Schönes im Eimer?"

Petronella will gerade alles erklären, aber Philine ist schneller: „Einen Blutegel. Und die anderen kleben schon an deinem Bein!"

Philine zeigt mit dem Finger auf Oma Annelieses Knie und verzieht angewidert die Mundwinkel.

Oma Anneliese schaut verwundert an sich herab. „Hm. Das ist das falsche Knie", sagt sie ruhig. „Aber die Idee ist nicht schlecht!"

„Hatschi!" Petronella muss niesen.

„Und wegen mir hast du dir sogar einen Schnupfen geholt! Du bist wirklich ein gutes Mädchen!"

Philine hat es sich inzwischen in einem Sessel neben dem Sofa bequem gemacht. Eigentlich wollte sie bei ihrer Oma nur in Ruhe fernsehen, aber manchmal findet sie ihre kleine Schwester spannender als jedes Fernsehprogramm. Zugeben würde sie das natürlich nie.

„Diese Blutegel saugen Blut, und ihr Speichel hilft die Wundheilung zu verbessern", erklärt Oma Anneliese. „Früher hat man das öfter gemacht. Und ich weiß, dass diese Methode auch bei Krampfadern gut helfen soll."

Philine verkrampft sich schon alleine bei dem Wort Krampfader. „Ich finde Blutegel widerlich und Krampfadern auch!"

„In der Natur hat alles einen Nutzen und seinen Platz", antwortet Oma Anneliese. „Wir wissen aber nicht, wie lange man die Blutegel ansetzt und überhaupt ist es ja auch mein falsches Knie!"

Deshalb muss Petronella die Blutegel nun vorsichtig wieder abziehen und zurück in den Eimer legen. Besonders der zweite, flinkere Blutegel, hat sich am Knie sehr gut festgesaugt und ist in der kurzen Zeit sogar schon ein bisschen dicker geworden.

„Am besten, du lässt sie nachher im Bach wieder frei und ich erkundige mich bei einem Arzt wie man alles richtig macht."

Auf Oma Annelieses Knie sind jetzt zwei kleine blaue Flecken, und es blutet sogar ein wenig.

„Tut dir das weh?", fragt Petronella ihre Oma besorgt. Aber Oma Anneliese schüttelt den Kopf.

„Nein, überhaupt nicht! Ich muss das nur kurz sauber machen. Du legst dich solange aufs Sofa."

Philine darf Fernsehen, und Oma Anneliese packt Petronella dick mit Decken ein. Dann geht sie ins Bad.

Als sie wiederkommt, bringt sie Petronella einen heißen Holundertee mit Honig gegen die Erkältung und eine Schüssel mit warmem Wasser und Meersalz. In der Schüssel badet sie Petronellas Füße und erzählt dabei von alten Naturheilmitteln und Kräutern.

„Hatschi!", niest Petronella.

Aber eigentlich nicht, weil sie wirklich muss. Sondern nur, weil sie noch ein bisschen mehr Tee will und noch mehr von ihrer Oma gepflegt werden möchte, bevor sie die Blutegel im Eimer wieder zurück in den Bach bringt.

Hallo, Hansi!

„Auf was warten wir denn?", fragt Claudia. Sie sitzt neben Petronella im Gras.

Wie so oft sind die beiden besten Freundinnen kreuz und quer ohne Ziel auf ihren Fahrrädern umhergefahren.

„Gleich wird etwas von ganz alleine passieren!", behauptet Petronella.

Claudia ist sich da nicht so sicher. Nur Bauer Puschkow ist mit seinem Traktor vorbeigetuckert und hat den beiden gewunken. Fünf Autos sind vorbeigefahren: ein blaues, zwei silberne, ein rotes und das gelbe Postauto.

Doch dann passiert tatsächlich etwas! Eine große rot-getigerte Katze schleicht verdächtig durchs hohe Gras.

„Was hat denn die erspäht?", fragt Petronella leise.

Petronella und Claudia beobachten, wie sich die Katze lautlos geduckt stückchenweise über den Boden nach vorne schiebt und einem Haselnussbusch immer näherkommt.

„Chää, chää!", krächzt es aus dem Busch. Die Katze macht einen Satz und hat einen kleinen Vogel im Maul. Angsterfüllt schreit er um sein Leben.

Petronella und Claudia springen auf und jagen der Katze hinterher. Erschrocken lässt die den kleinen Vogel fallen und verschwindet fauchend.

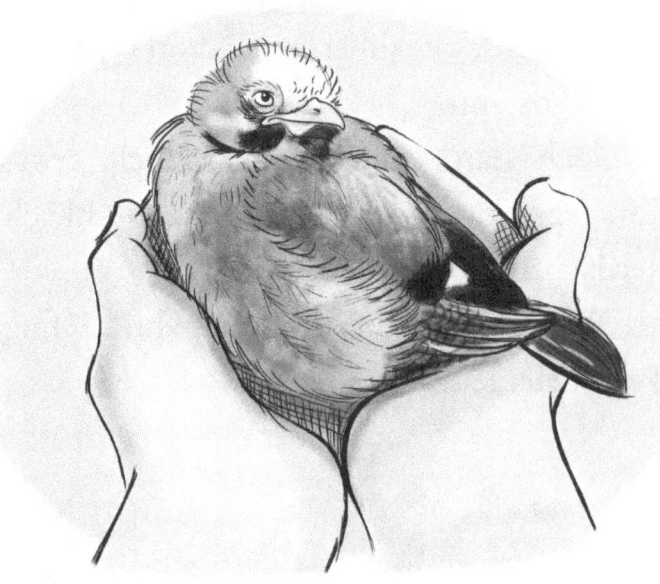

Petronella hebt den verängstigten Winzling vorsichtig mit beiden Händen auf. Bis auf den Schreck ist er unversehrt. Sein kleines Herz pocht. Zarte kleine braune Federn stehen wild am Kopf ab. An den Flügeln sind einige Federn blau.

„Das ist ein kleiner Eichelhäher!", ist sich Petronella sicher. „Und er hat nur auf unsere Hilfe gewartet!"

Petronella weiß, dass Vogeleltern ihre Vogelkinder nicht mehr füttern, wenn sie nach Mensch riechen. Und weil sie den kleinen Eichelhäher angefasst hat, um ihn zu retten, muss sie sich jetzt auch weiter um ihn kümmern.

Claudia schiebt beide Räder und Petronella trägt den kleinen Vogel nach Hause. Gemeinsam suchen sie einen Namen und nennen ihn Hansi.

Im Keller ist noch ein alter Vogelkäfig, den Petronella und Claudia nun für das Vogelbaby herrichten.

Petronella füllt heißes Wasser in eine Wärmflasche, umwickelt diese mit einem Handtuch und setzt ein kleines Körbchen mit Heu oben darauf.

„So hat er es schön warm!"

Claudia holt ein Wasserglas und taucht immer wieder den Zeigefinger hinein. Tröpfchenweise trinkt der kleine Vogel von ihrem Finger. „Aha. Eichelhäher trinken also Wasser!", erkennt Claudia. „Aber mit was wollen wir ihn füttern?"

„Vielleicht Eicheln?", überlegt sie weiter, aber Petronella schüttelt den Kopf. „Dafür ist er doch viel zu klein!"

Petronella flitzt los, um ihre Mutter zu fragen. „Mama, was frisst ein kleiner Eichelhäher?"

Petronellas Mutter legt gerade Wäsche zusammen. „Wieso? Hm. Insekten, Würmer, Käfer, keine Ahnung, Tatar?"

„Was ist Tatar?", will Petronella wissen.

„Hackfleisch, warum?"

Ohne zu antworten, flitzt Petronella in die Küche zum Kühlschrank.

Aber da ist kein Hackfleisch drin. Sie eilt zurück in ihr Zimmer, kippt ihre Spardose aus und findet tatsächlich noch ein paar Münzen.

„Und was frisst er nun?", will Claudia wissen.

„Tatar", antwortet Petronella.

„Was ist das denn?", fragt Claudia.

„Na, das ist Hackfleisch!", erklärt Petronella ganz selbstverständlich.

Obwohl es Frühling ist, dreht sie die Heizung in ihrem Zimmer voll auf und stellt darauf den Käfig samt der Wärmflasche und dem Körbchen mit Heu. „Hansi braucht es schön warm."

Petronella verriegelt das Fenster, damit die Katze Mira nicht hineinkommen kann. „Bis der Eichelhäher groß ist, muss Mira woanders im Haus schlafen", bestimmt sie. Es gibt schließlich noch genügend andere gemütliche Schlafplätze für eine Katze im Hause Glückschuh.

Dann geht sie mit Claudia einkaufen. Im Sausetempo fahren sie zum Fleisch- und Wurstladen. „Ich möchte etwas Hackfleisch, bitteschön!", sagt Petronella.

„Schweinehack oder Rind?", fragt die Verkäuferin zurück.

Petronella hat keine Ahnung.

„Nun, was will deine Mama denn heute kochen?"

„Meine Mami kocht heute gar nichts. Ich brauche für 1,30 Euro Tatar für meinen Vogel", antwortet Petronella.

„Na, für den wird es wohl gerade reichen", sagt die Verkäuferin freundlich und gibt Petronella für 1,30 Euro eine sehr kleine Portion Tatar.

„Das ist viel besser als einfaches Rinderhackfleisch und deshalb so teuer!", erklärt sie, weil Petronella so komisch guckt. Außerdem reicht sie Petronella und Claudia noch jeweils eine Scheibe Gelbwurst gratis über die Theke.

Zu Hause angekommen rollen Petronella und Claudia kleine Hackfleischklümpchen in der Hand. Damit füttern sie Hansi, dem das sehr gut schmeckt. Immer wieder sperrt er hungrig den Schnabel auf und verschluckt hastig die handgewärmten kleinen Hackfleischkügelchen.

Als Petronellas Mutter ins Zimmer kommt, ist sie vom neuen Fundevogel überhaupt nicht begeistert. „Papa hat dir noch mehr Haustiere verboten!", schimpft sie.

„Aber das ist ja gar kein Haustier. Das ist ein Eichelhäher!", hält Petronella dagegen.

Die beiden Mädchen zeigen stolz, wie sie Hansi mit Hackfleisch füttern.

„Dein Tipp mit dem Tatar war wirklich gut!", lobt Petronella ihre Mutter. Doch die ist sich plötzlich gar nicht mehr so sicher, ob Eichelhäher nicht vielleicht doch auch andere Nahrung brauchen.

Als Petronellas Vater von seiner Arbeit nach Hause kommt, telefoniert sie gerade mit einer Frau von der örtlichen Vogelaufzuchtstation, die selbst auch schon einmal einen Eichelhäher groß gezogen hat, und gerne Auskunft gibt, was kleine Eichelhäre sonst noch fressen.

Petronellas Vater hebt grüßend die Hand. „Hallo!"

Aber Petronellas Mutter macht nur eine abwehrende Handbewegung.

Auch Petronella antwortet auf sein Rufen nicht. Denn sie ist viel zu beschäftigt.

Stattdessen hört Petronellas Vater Hansis Rufe. „Chää, chää! Chää, chää!"

Ahnungsvoll folgt er diesem Krächzen und als er ins Kinderzimmer kommt, verspricht Petronella, noch bevor er überhaupt etwas sagen kann: „Du brauchst dich wirklich gar nicht um ihn zu kümmern. Ich mache das alles mit Claudia allein! Außerdem ist ein Eichelhäher ja überhaupt kein Haustier. Und Mama hat sowieso schon alles erlaubt."

Petronellas Vater nickt nun stumm und besieht sich dann den kleinen Piepmatz im Körbchen auf der Wärmflasche.

„Chää, chää!", ruft er und ist erst ruhig, als Petronella und Claudia ihn weiter füttern.

„Hey, was ist das denn? Ihr gebt ihm Hackfleisch?", fragt Petronellas Vater verwundert.

„Das ist Tatar!", antworten Petronella und Claudia wie aus einem Mund.

Hansi mag außerdem: Rührei, Beeren und gemahlene Körner. Er schmust gern und putzt nach der Fütterung lustig sein Gefieder auf der Hand.

Hansi plaudert auf sehr unterschiedliche Art und Weise. Das geht von lautem Geschrei bis hin zu zartem Geflüster. Er wird täglich größer, dicker, lauter und immer zutraulicher.

Mit der Zeit wird Hansi der Käfig zu eng, und er unternimmt mutig einen ersten Flugversuch in Petronellas Zimmer. Aufgeregt und noch etwas ungeschickt flattert er mit den Flügeln.

Dann landet er mitten auf dem Kopf von Petronellas Hündin Kordel, die kein Kinderzimmerverbot hat, weil Hunde ja keine Vögel fressen.

Kordel schüttelt sich und der kleine Eichelhäher, der nun gar nicht mehr so klein ist, flattert aufgeregt weiter.

Die arme Katze Mira kratzt an Petronellas Zimmertür und will auch rein. Aber Petronella will nicht, dass Mira ihren lieb gewonnenen Vogel auffrisst.

Bald hat Hansi jeden Winkel im Zimmer erkundet, und immer öfter hüpft und flattert er auf dem Fensterbrett an der Scheibe. Er sieht sehr unglücklich aus, der arme Hansi. Er will raus!

„Hier ist es zu eng! Wir müssen ihn im Garten fliegen lassen", sagt Claudia schließlich.

Petronella weiß, dass Claudia recht hat, und gemeinsam fassen sie den Entschluss, Hansi freizulassen.

Um ihn trotzdem immer wieder sehen zu können, wollen sie ihm folgen und herausbekommen, wo er sein neues Zuhause sucht.

Claudia trägt den Käfig in den Garten, und Petronella öffnet das Gittertürchen. Hansi hüpft aufgeregt von einer Stange zur anderen, und auf einmal flattert er mit lautem Geschrei hinaus in den Apfelbaum.

„Chää, chää!", ruft er und fliegt dann schnurstracks weiter über die Birken davon.

Claudia und Petronella holen rasch ihre Fahrräder und folgen ihm. Doch schon bald ist Hansi verschwunden.

„Einfach weg!", ärgert sich Claudia. „Wir finden ihn nie!"

Aber Petronella will nicht aufgeben. „Von eurem Dach kann man über das ganze Dorf schauen. Von da oben sehen wir ihn bestimmt."

Claudia wohnt in einem schönen großen Haus in der Bergstraße, nicht weit von Petronella entfernt. Es ist an einen Hügel gebaut und wird gerade renoviert. Auf dem Gerüst, das außen um das Haus herum aufgestellt wurde, kann man bis hinauf zum Schornstein klettern. Von dort oben hat man eine sehr gute Aussicht über das ganze Dorf.

„Meine Eltern haben mir verboten, die Baustelle zu betreten!", sagt Claudia.

„Wir schauen ja nur kurz nach Hansi und klettern dann auch gleich wieder runter!", verspricht Petronella.

Claudia will keinen Ärger, aber sie will auch unbedingt Hansi sehen. „Gut, wir machen ganz schnell, bevor meine Eltern nach Hause kommen", bestimmt sie.

Immer höher und höher klettern die beiden Mädchen auf dem Gerüst. Bald sitzen sie oben auf dem Dach neben dem Schornstein, lassen die Beine baumeln und sehen nach unten über die Dächer des Dorfes.

„Hallo, Hansi! Hansi!", rufen die Mädchen laut.

Sie schauen rundherum. Auf dem Nachbardach entdecken sie eine Amsel und in einer Tanne zwei Tauben. Aber ihr Hansi ist nirgends zu entdecken.

Stattdessen sieht Petronella jetzt Claudias Mutter die Bergstraße mit schweren Einkaufstüten in der Hand hinaufkommen.

Claudia schreit immer noch aus vollem Hals: „Hansi! Hansilein!".

Petronella stupst Claudia vorsichtig mit dem Ellenbogen und zeigt auf die Bergstraße. „Schau mal! Wie klein deine Mutti von hier oben aussieht."

„Ja. Tatsächlich!", staunt Claudia.

In diesem Moment entdeckt auch Claudias Mutter die beiden Mädchen auf dem Dach. Sie steht erst wie angewurzelt da, lässt dann ihre Einkaufstüten einfach auf den Asphalt fallen und rennt los. Aus einer Tüte rollen Orangen auf der Straße den ganzen Berg hinunter.

„Los, runter vom Dach!", drängt Claudia. So schnell sie können, klettern Petronella und Claudia auf dem Gerüst nach unten, schnappen ihre Fahrräder und sind gerade rechtzeitig weg, bevor Claudias Mutter völlig außer Atem um die Ecke gerannt kommt.

Erst nach einer ganzen Weile machen sie eine Pause.

„Oh Mann. Jetzt ist meine Mutti bestimmt stinksauer", keucht Claudia. „Was soll ich denn jetzt machen?"

„Wir können ja die Orangen einsammeln und ihr die Einkaufstüte bringen", schlägt Petronella vor. „Darüber freut sie sich bestimmt!"

Sie radeln zurück zur Bergstraße und sammeln die Tüten mit den Lebensmitteln ein. Die Orangen sind sehr weit gekullert. Sogar ganz unten bei der alten Eiche finden sie noch eine.

„Chää, chää!", hören sie da plötzlich ein Krächzen. Hansi schwingt sich auf, fliegt einen gelungenen Kreis um den Baum und über die Köpfe der beiden Mädchen.

„Chää, chää! Chää, chää!" Dann landet er wieder auf einem Ast und sieht lustig zu den beiden herunter.

„Jetzt wissen wir, wo er wohnt!", freut sich Petronella. „Und können ihn besuchen, wann immer wir wollen!"

Doch da fliegt Hansi noch einen Kreis um den Baum und verschwindet wieder über die Dächer.

Die beiden Freundinnen sind sich sicher, dass Hansi sich so von ihnen verabschieden wollte.

„Viel Glück, Hansi! Wir sehen uns bestimmt wieder!", ruft Petronella ihm nach.

Seit diesem Tag, immer wenn Claudia und Petronella einen Eichelhäher im Wald sehen, rufen sie beide laut: „Hallo Hansi! Hansi!" Und zurück kommt ein lautes „Chää, chää!"

Petronella zeigt dem
Maulwurf die Welt

Sonnenstrahlen fallen aufs Kissen. Petronella streckt sich, und dabei springt ihre Katze Mira vom Bett. Auch Petronellas Hündin Kordel gähnt und erhebt sich vom Teppich vor Petronellas Bett.

Es duftet nach frisch gebackenem Brot. Petronella steht auf und schlürft in viel zu großen Haus- schuhen verschlafen in die Küche.

Der Tisch ist gedeckt, aber keiner ist da. Petronella folgt den Stimmen auf die Terrasse.

Ihre Eltern sind damit beschäftigt, frische Erdhügel abzutragen. Oma Anneliese ist zu Besuch und trinkt eine Tasse Kaffee. Seitdem sie sich regelmäßig mit Blutegeln vom Arzt behandeln lässt, ist sie besser zu Fuß unterwegs und kommt öfter mal vorbei.

Petronellas Vater schwitzt und flucht. Ein sehr fleißiger Maulwurf hat direkt unter der Terrasse ein Labyrinth von Gängen angelegt und schöne Haufen zwischen den Ritzen aufgeworfen.

„Das gibt es doch nicht! Jetzt reicht's! Tierschutz hin oder her. Dem werd' ich's zeigen!" Petronellas Vater will dem fleißigen Maulwurf, der zuvor schon den ganzen Rasen mit seinen Bauwerken überzogen hatte, das Handwerk legen.

„Und wie willst du das machen?", fragt Petronella.

„Ich hole eine Falle!"

Petronella macht ein erstauntes Gesicht. „Papa! Du willst doch keinen Maulwurf töten?"

„Nein, aber einfangen will ich ihn!"

Er geht in den Keller und kommt kurz darauf mit einem kleinen länglichen Holzkasten wieder. Vorne ist ein Loch, und um das Loch ist ein Drahtgeflecht, das in den Kasten hineinragt und nach innen immer enger wird. Petronellas Vater steckt einen Finger in das Loch und zeigt Petronella, wie seine Falle funktioniert.

„Siehst du, dieses Kästchen stecke ich in seinen Gang. Der Maulwurf kann durch die große Öffnung ganz einfach hineinkrabbeln, aber dann findet er nicht mehr heraus."

„Und verhungert!", befürchtet Petronella.

„Quatsch! Wir werden jeden Tag nachsehen. Und ihn dann gleich woanders wieder freilassen!"

„Wo denn?"

„Keine Ahnung. Auf irgendeiner Wiese. Das ist dem Maulwurf doch egal. Der wohnt sowieso nur unter der Erde und sieht nichts von der Welt", antwortet Petronellas Vater, und Petronellas Mutter ruft energisch zum Frühstück.

„So ein armer Maulwurf!", denkt Petronella. „Immer nur im Dunkeln wühlen, und nie kann er die Blumen von oben sehen."

Während sie beim Frühstück auf ihrem Honigbrötchen herumkaut, beschließt sie, dem Maulwurf, wenn ihr Vater ihn wirklich fängt, die Welt oberhalb der Erde zu zeigen.

Doch einen Maulwurf zu fangen ist gar nicht so leicht. Dies zeigt sich in den kommenden Tagen. Denn statt in die Falle zu kriechen, baggert der pelzige Kerl viele neue Hügel rund ums Haus und auf der Terrasse.

Petronellas Vater muss die Hügel dann immer mit einem Spaten abtragen, und ihre Mutter bestimmt, wo im Garten er die schöne neu durchwühlte Erde aufhäufeln soll. Bei den Rosen oder im Gemüsebeet.

Schließlich kniet Petronellas Vater im Gras bei der Maulwurfsfalle und holt sie aus der Erde. „Das blöde Ding funktioniert nicht!", meckert er. Stattdessen steckt er jetzt den Gartenschlauch in den Gang und dreht ihn voll auf. Petronella tut der Maulwurf leid, dessen unterirdische Behausung nun überflutet wird. Eine Menge Wasser läuft in die unterirdischen Gänge.

„Das wird ihn verscheuchen!", ist sich Petronellas Vater sicher!

Petronella beobachtet alle Maulwurfsausgänge genau. Falls es dem Maulwurf tatsächlich zu nass wird und er herauskommt, will sie die Gelegenheit nutzen und ihn einfangen.

Doch es passiert nichts. Lange wartet Petronella mit ihrem Vater, aber es zeigt sich kein Maulwurf. Und dann müssen sie aufhören, weil Petronellas Mutter schimpft: „Ihr habt sie wohl nicht alle, so viel Wasser zu verbrauchen. Und das alles nur wegen so eines kleinen Maulwurfs!"

Am nächsten Morgen blickt Petronella aus dem Fenster und staunt: Im Garten sind neue, viel größere Hügel dazugekommen. Petronellas Vater hantiert mit dem Spaten, und Petronellas Mutter zeigt, wo im Garten er dieses Mal die neu aufgeworfene Erde in die Blumenbeete häufeln soll.

Als er damit fertig ist, probiert Petronellas Vater noch eine andere Methode: Überall im Garten gräbt er leere Sprudelflaschen mit dem Boden nach unten circa 15 cm tief in die Erde ein und stellt sie leicht schräg, sodass der Wind in den Flaschenhals hinein heulen kann.

„Das mögen Maulwürfe überhaupt nicht!", erklärt Petronellas Vater. Er legt sich ins Gras und pustet in eine Flasche. Das gibt einen sehr tiefen Ton.

„Siehst du, wenn der Wind jetzt in die Flaschen bläst, wird es dem Maulwurf zu unruhig, und er haut endlich ab!"

Petronella holt sich ihre Gartendecke und beobachtet, was passiert. Kordel kommt zu ihr und lässt sich hinterm Ohr kraulen. Auch die Katze Mira kommt und legt sich in die Sonne.

Im Garten ist es absolut windstill. Die Flaschen geben keinen Ton von sich.

„Das funktioniert auch nicht!", ist Petronella sich sicher. Aber zum Glück hat sie jetzt eine eigene Idee.

„Der Maulwurf wirft immer da, wo Papa die Hügel gerade abgetragen hat, neue Hügel auf! Also werde ich ihn dort erwarten!"

Petronella steckt lange Grashalme in die Maulwurfsausgänge unter den abgetragenen Maulwurfshügeln und legt sich dann wieder auf die Lauer. Angestrengt beobachtet sie alle Grashalme gleichzeitig. Aber keiner bewegt sich.

Lange Zeit passiert nichts. Doch dann schwingt ein Grashalm hin und her. „Der Maulwurf kommt!"

Petronella schleicht sich ganz vorsichtig heran. Sie beobachtet, wie frische Erde aufgetürmt wird.

„Er ist da!", flüstert Petronella gespannt und kurz entschlossen schiebt sie mit beiden Händen den Haufen beiseite.

Tatsächlich sitzt vor ihr im Gras nun ein dicker Maulwurf. Sofort will er sich zurück in die Erde graben, aber Petronella packt das kleine pelzige Säugetier mit beiden Händen. Der Maulwurf zappelt und rudert mit seinen Grabschaufeln. Petronella lässt aber nicht los.

Sie läuft mit dem Maulwurf in den Keller und setzt ihn in einen Korb. Dann trägt sie den Korb nach oben und zeigt ihrem Vater stolz den Fang.

„Was? Du hast ihn mit der Hand gefangen?" Petronellas Vater nickt anerkennend und klopft Petronella ein paar Mal mit der flachen Hand auf die Schulter. „Wirklich, das hast du sehr gut gemacht!", lobt er. „Und jetzt bringen wir ihn zu irgendeiner Wiese weit weg!"

Petronellas Vater holt seine Schuhe, aber Petronella rührt sich nicht vom Fleck.

„Halt! Nicht so schnell! Ich will ihm erst noch die Welt zeigen!", sagt Petronella.

„Was? Die Welt zeigen?" Petronellas Vater wundert sich.

„Ja!", entgegnet Petronella. „Ich muss ihm alles erst zeigen, denn er wohnt ja im Dunkeln und kennt noch gar nichts. Keine Farben und keine Musik. Ha!"

Petronella hat eine Blitzidee und bittet ihren Vater, dem Maulwurf ein Lied auf der Mundharmonika vorzuspielen.

„Na gut, meinetwegen", seufzt Petronellas Vater. „Aber dann kommt er weg!"

Petronella nickt und macht es sich mit dem Maulwurf im Körbchen auf dem Sofa bequem. Ihr Vater kann sehr gut Mundharmonika spielen.

Petronellas Schwester Philine und Petronellas Mutter kommen hinzu und grinsen belustigt. Aber den Maulwurf scheint das alles gar nicht zu beeindrucken.

„Hey! Wo sind denn überhaupt seine Ohren?", wundert sich Petronella und besieht sich das kleine Maulwurfköpfchen genau.

„Der Arme hat gar keine Ohren! Er kann deine Musik überhaupt nicht hören!" Petronella ist ganz bestürzt.

„Er braucht unter der Erde vielleicht keine Ohren!", überlegt Philine.

Petronellas Vater unterbricht sein Spiel und beugt sich nun ebenfalls über das Körbchen. „Quatsch! Der muss doch hören, wo ein Regenwurm krabbelt! Irgendwo hat der schon seine Ohren."

Petronellas Mutter holt ein dickes Tierlexikon und liest nach, dass Maulwürfe sehr gut hören können, und ihre Ohren gut unter dem Fell versteckt liegen, damit sie nicht verschmutzen. Im Tierlexikon steht auch, dass Maulwürfe unter Naturschutz stehen und eine Vertreibung oft nichts bringt, da dann ein neuer Maulwurf das Revier übernimmt.

Petronella streichelt ihren Maulwurf am Rücken und macht ein sehr nachdenkliches Gesicht. „Mein kleiner Maulwurf ist viel dicker als der auf dem Bild im Tierlexikon!", stellt sie verwundert fest.

Philine vergleicht das Foto im Tierlexikon mit dem Maulwurf im Körbchen.

„Vielleicht ist der schwanger!"

„Ja! Sie ist schwanger. Das ist eine Maulwurfsmama!" Petronella reißt die Augen weit auf und lässt den Mund offen stehen. Dann wendet sie sich an ihren Vater.

„Papa, wir können sie doch nicht wegbringen!"

„Ja, das geht wirklich nicht!", stimmt auch Philine zu. „Wahrscheinlich hat sie einen Mann, der unter der Erde auf sie wartet!"

„Und eine Oma, die sich schon auf ihre Enkel freut!", fügt Petronella hinzu.

Petronellas Vater hebt seinen Zeigefinger und deutet mehrmals auf die Maulwurfsmama im Korb. „Dieser Maulwurf kommt mir nicht wieder in meinen Garten!"

Doch Petronellas Mutter beschwichtigt ihn. „Nicht so laut! Die Arme bekommt doch Angst!"

„Angst vor Papa!", antwortet Petronella. „Ich lasse sie besser sofort wieder frei."

Petronella steht auf. Mit erhobenem Haupt läuft sie mit der Maulwurfsmama im Körbchen an ihrem Vater vorbei.

„Ich glaube, sie hat bereits genug von der Welt gesehen. Für einen kleinen Maulwurf ist es unter der Erde vielleicht doch viel schöner und viel sicherer."

Petronellas Vater schüttelt ein paar Mal mit dem Kopf und packt dann seine Mundharmonika wieder weg.

Petronella läuft schnurstracks in den Garten und lässt die Maulwurfsmama wieder frei. Rasch gräbt die sich ein und ist schwupps in der Erde verschwunden.

Petronellas Vater beobachtet alles durchs Küchenfenster. „Also, ich möchte mal wissen, wer hier im Hause eigentlich das Sagen hat?"

Petronellas Mutter umarmt ihn und antwortet: „Na du, wer sonst?"

Aber eigentlich ist es ja Petronella.

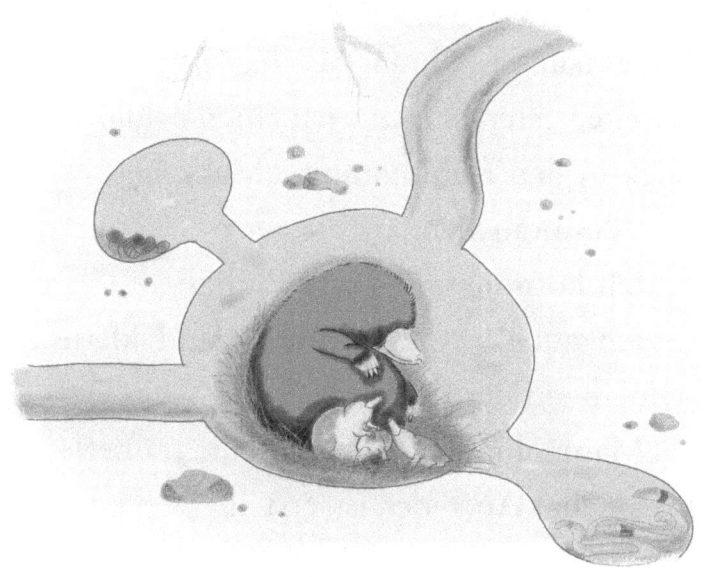

Nachtkonzert

„Mir reicht's!", schreit Petronellas Mama wütend. Mit einem lauten Knall wirft sie die Tür hinter sich zu.

„Was ist denn mit Mama los?", fragt Petronella besorgt.

Ihr Vater zieht die Stirn runzelig, kratzt sich am Bart und murmelt: „Sie hat Stress im Laden. Ihre Kollegin ist seit Wochen krank, und sie arbeitet für Zwei."

Dann seufzt er und fragt: „Wollt ihr mit mir einkaufen fahren?" Er legt die Zeitung beiseite, steht auf und wirft einen prüfenden Blick in den Kühlschrank. „Mal sehen, was wir alles brauchen …"

„Ich komme mit!", sagt Philine.

„Ich auch", ruft Petronella und klettert schnell von der Eckbank.

„Mama braucht mal Urlaub", überlegt Petronella. Aber der ist erst im September geplant, und bis dahin vergehen noch viele Stunden, Tage, Wochen und Monate.

„Das dauert noch viel zu lange!", denkt Petronella. „Deshalb muss ich zu Hause für ein bisschen Urlaubsstimmung sorgen! Aber wie?"

Petronella zählt während der Autofahrt zum Einkaufszentrum ihr letztes Taschengeld. Sie hat noch ganze 2,25 Euro. „Mal sehen, was man damit alles anstellen kann!"

Es ist viel Trubel im großen Einkaufsmarkt. Petronella schlendert Philine und ihrem Vater nach. Bald sind alle Lebensmittel im Wagen.

Petronella hat nichts gesehen, was sie für ihre Mama brauchen könnte. Und sie will ihr Taschengeld schließlich nicht für irgendetwas ausgeben.

Als sie bei einem großen Pflanzenfachmarkt vorbeikommen, stupst Philine ihren Vater an und sagt: „Du könntest Mutti mal Blumen mitbringen!"

Petronellas Vater ist einverstanden. „Ja. Das ist eine gute Idee!"

Während Philine und Petronellas Vater nun Blumensträuße und Blumentöpfe besichtigen und hin und her diskutieren, welche am Schönsten sind und nicht zu teuer, folgt Petronella dem lauten Gekrächze von Papageien. Denn im Pflanzenmarkt gibt es auch eine Tierfutter- und Zooabteilung. Petronella bestaunt die bunten Papageien, die in einer Voliere sitzen.

Sie betrachtet auch die Skorpione, Vogelspinnen und sucht die knallfarbigen Frösche, die sich aber unter Baumrinde in kleinen Höhlen verstecken und deshalb überhaupt nicht zu sehen sind.

Plötzlich hört sie lautes Zirpen und entdeckt in kleinen durchsichtigen Plastikbehältern mit Luftlöchern im Deckel auf engem Raum zusammengepfercht sehr viele Grillen.

Als Petronella so ein Minigefängnis in die Hand nimmt, verstecken sich die Grillen darin hektisch unter einem Stück Pappe.

Petronella blickt auf das Preisschild und liest erfreut: „Futtergrillen (lebend), 1,99 Euro." Rasch geht sie mit dem Behälter zur Kasse. „Euch kaufe ich! Ihr sollt nicht als Futter enden", verspricht sie den Grillen. Denn sie hat einen sehr guten Einfall, was sie stattdessen mit ihnen machen will.

Sie sollen Urlaubsstimmung verbreiten! Genau wie im letzten Urlaub in der Toskana. Da war ihre Mutter immer lustig und fröhlich. Zusammen wohnten sie in einem kleinen Haus, die Grillen haben gezirpt, und ihre Eltern haben sich ganz oft umarmt und waren immer glücklich.

Gerade noch rechtzeitig bevor ihr Vater sie zu sich winkt, hat Petronella ihren Einkauf bezahlt.

Petronellas Vater und Philine haben einen hübschen großen bunten Blumenstrauß für Petronellas Mama ausgesucht.

„Wo warst du denn so lange?", fragt Petronellas Vater.

Petronella versteckt die Schachtel Grillen hinter ihrem Rücken.

„Ich hab mir nur kurz die Tiere angesehen!", antwortet sie.

„Wir brauchen kein neues Tier mehr im Haus, ist das klar?", erwidert ihr Vater streng.

„Ja, ja, ist schon klar!", antwortet Petronella und folgt ihm vorsichtig, damit ihre Grillen nicht allzu sehr hin und hergeschaukelt werden und dann vielleicht auf sich aufmerksam machen. Sie scheinen aber ängstlich zu sein und bleiben still.

Kaum stoppt das Auto vor dem Gartentor, springt Petronella heraus und huscht durch den Keller ins Haus.

„He, du kannst auch was mit reintragen!",
ruft Philine ihr hinterher. Aber zu spät.
Petronella ist schon weg.

Rasch versteckt sie ihre neuen Freunde
im Kleiderschrank in ihrem Zimmer. „Keine
Angst, bald seid ihr frei!", verspricht sie.

Freudig hüpft sie die Treppe hinunter
und hilft den Einkauf, den Philine und ihr
Vater hereingetragen haben, in den
Küchenschränken und im Kühlschrank zu
verstauen.

Und dann macht sie den Abwasch,
während ihr Papa staubsaugt und Philine
das Bad putzt. Bald ist alles aufgeräumt,
und auf dem Tisch steht dazu noch der
hübsche Blumenstrauß.

Petronella ist sehr zufrieden. Doch für
die perfekte Urlaubsstimmung fehlt noch
etwas sehr Wichtiges.

Petronella holt ihre Futtergrillen und
verteilt sie in die Blumentöpfe und auf den
Zimmerpflanzen.

Eine auf die Yuccapalme, eine auf die Orchidee, eine auf den Kaktus. Insgesamt verteilt Petronella 27 Grillen im Wohnzimmer. Das müsste reichen.

Petronella setzt sich auf einen Sessel und beobachtet ihre neuen südländischen Freunde, die aber leider gar keinen Mucks von sich geben.

„Komisch!", wundert sich Petronella. „Vielleicht merken sie, dass wir nicht in Italien sind."

Petronella erinnert sich daran, dass die Grillen immer dann besonders laut gezirpt haben, wenn ihre Eltern am Abend auf der Terrasse saßen und ein Glas Wein getrunken haben.

„Das krieg ich auch noch hin!", ist sich Petronella sicher. Sie holt für ihre Eltern zwei Weingläser und versucht mit dem Korkenzieher eine Flasche Wein zu öffnen.

„Das ist gar nicht so einfach!", stöhnt sie. Gerade noch rechtzeitig, bevor sie ihre Mutter kommen hört, ist der Wein geöffnet und in den Gläsern auf dem Tisch.

Petronella setzt sich rasch wieder auf ihren Sessel und guckt unschuldig.

„Was machst du denn da?", fragt ihre Mutter erstaunt.

„Papa hat dir Blumen gekauft!", sagt Petronella. „Die stehen in der Küche."

Petronellas Vater kommt dazu. „Und die Küche ist aufgeräumt!", sagt er stolz.

„Ach ja, sehr schön, dass ihr auch mal was mithelft!", entgegnet Petronellas Mutter und verzieht sich in ihr Arbeitszimmer. So richtig gefreut hat sie sich nicht, dass alles sauber ist. Den Wein hat sie nicht mal bemerkt und die Grillen natürlich auch nicht, denn die bleiben stumm.

„Das war noch nichts!", denkt Petronella. Und auch ihr Vater schüttelt genervt den Kopf.

„Hey! Was soll das denn?" Verärgert zeigt Petronellas Vater auf den Wein. „Du kannst doch nicht einfach unsere Weinflaschen aufmachen! Spinnst du jetzt auch noch, oder was?"

„Ach, ihr kapiert ja sowieso gar nichts!",
brüllt Petronella zurück und verschwindet
meckernd nach oben in ihr Zimmer. „Dann
streitet euch halt weiter, wenn ihr unbedingt
wollt. Und macht keinen Urlaub zu Hause!
Selber schuld!"

Im Hause Glückschuh redet an diesem
Abend niemand mehr miteinander.
Petronellas Mutter sitzt stumm an ihrem
Arbeitstisch und erledigt Bürokram.

Ihr Vater liest in der Zeitung und Philine
in einem dicken Buch über ein junges
Liebespaar auf einer einsamen Insel.

Zum Glück hat Petronella ihre Hündin
Kordel, die zu ihr hält. Mit Kordel kann
man immer gut reden, und sie hört auch
immer gut zu und quatscht nie dazwischen.

Mitten in der Nacht wird Petronella von
lautem Türenknallen geweckt.

„Ich kann so nicht schlafen!", brüllt
Petronellas Mutter durch die Wohnung.

„Wo zum Teufel kommen plötzlich diese Grillen her?"

Petronella öffnet die Augen und sieht durch das Fenster den Mond hell am Himmel stehen. Verschlafen reibt sie sich ihre Augen.

Und dann hört sie es auch: Die Grillen haben endlich angefangen zu zirpen!

„Petronella! Komm sofort her!", ruft ihre Mutter laut.

Sie steht im Morgenmantel im Wohnzimmer. „Was soll das!", begrüßt sie Petronella, als diese müde angeschlichen kommt.

„Die habe ich dir mitgebracht!", erklärt Petronella.

„Ich kann nicht schlafen bei dem Gezirpe!"

„Aber im Urlaub hast du gesagt, dass du das wunderschön findest!"

„Aber doch nicht in meinem eigenen Wohnzimmer! Und wo bekommt man denn überhaupt so viele Grillen her?"

In eine Decke gewickelt kommt nun auch Petronellas Vater ins Wohnzimmer.

„Die habe ich von meinem Taschengeld im Tiergeschäft gekauft", erklärt Petronella.

„Oh nein! Du kleines Monster!", stöhnt ihre Mutter und fängt zum Glück gleich darauf an zu lachen.

Auch Petronellas Vater grinst. „Also, ich weiß, was wir jetzt alle zusammen machen!"

Gemeinsam mit ihren Eltern fängt Petronella jede einzelne der 27 Grillen wieder ein. Das ist gar nicht so einfach und ziemlich lustig. Besonders die Grille auf dem Kaktus ist schwer zu kriegen, und Petronellas Vater flucht auf Italienisch, bis er sie endlich hat.

Schließlich ist es geschafft. Petronella muss die Grillen im Garten freilassen und mitten in der Nacht trinken Petronellas Eltern noch gemeinsam einen Schluck Wein. Wie in Italien.

Petronella legt sich aufs Sofa, wickelt sich in eine Decke, und sieht ihnen zu bis sie einschläft. Sie ist sehr froh, dass ihr Grillen-Trick am Ende doch noch funktioniert hat.

Flieg, flieg Bienenkönigin

Im kleinen Dorf Bergluch, in dem Petronella Glückschuh wohnt, gibt es einen besonders wunderschönen verwilderten Garten mit vielen blühenden Sträuchern.

Auf dem großen Grundstück steht verwunschen hinter Strauchrosen ein weißes Holzhäuschen, mit vielen kleinen Fensterscheiben.

Im Garten stehen unter Bäumen und hinter Büschen viele bunte Kästen übereinandergestapelt, in denen tausende, oder sogar zehntausende von Bienen ein- und ausfliegen.

Obwohl das verwunschene Grundstück ringsherum eingezäunt ist, schleicht sich Petronella oft heimlich in den fremden Garten. Ein kleines Loch war sowieso schon im Zaun. Petronella hat es nur ein bisschen größer gebogen.

Noch nie hat sie hier einen Menschen gesehen, aber es muss hin und wieder jemand da sein. Das erkennt sie daran, dass sich im Garten immer etwas verändert.

Einmal steht am Haus eine Schubkarre, die mit klein geschnittenen Ästen gefüllt ist. Das nächste Mal ist die Schubkarre weg. Dafür entdeckt Petronella nun die Asche eines Lagerfeuers im Gras.

Petronella liebt diesen Garten. Das Summen der Bienen gefällt ihr, und außerdem gibt es hier die außergewöhnlichsten Raupen. Einige stinken, einige haben pelzige Haare, einige sind dick und groß, fleischig-rosa und schwarz-lila, oder ganz klein und grün mit einem schwarzen Streifen.

Gerade als sie sich wieder einmal durch das Loch im Zaun quetscht, um zu sehen, was es so neues zu entdecken gibt, hört sie ganz nah bei sich eine dunkle Stimme.

„Ach, du bist das also!"

Petronella erschrickt. Neben ihr steht ein großgewachsener schlanker Mann. Er trägt einen weißen Hut mit einem Schleier rund um den Kopf und hat beide Arme in die Hüften gestemmt.

„Das ist Landfriedensbruch und Eltern haften für ihre Kinder!"

Petronella rappelt sich langsam auf. „Ich finde ihren Garten so schön!"

„Aha! Na, das ist ein sehr gutes Argument! Komm mit!"

Der Mann geht voraus, und Petronella folgt ihm bis zum Gartentor.

Er greift seitlich in den Torrahmen und holt einen kleinen Schlüssel hervor.

„Hier! Da ist der Schlüssel für Gartenfans. Jetzt kannst du immer rein, ohne meinen Zaun zu verbiegen!"

Petronella grinst und bedankt sich. „Es freut mich sehr, Sie kennenzulernen. Mein Name ist Petronella!"

„Und mein Name ist Knut. Ich komme nur ab und zu wegen der Bienen. Du kannst mir mal helfen, wenn du willst!"

Knut dreht sich um und läuft zu seinem weißen Holzhäuschen.

„Was denn helfen?", fragt Petronella und hüpft ihm freudig hinterher.

„Für heute bin ich fertig! Aber Morgen muss ich der alten Bienenkönigin einen Flügel kürzen!" Knut zeigt dabei auf einen himmelblauen Kasten.

„Schau her! In jedem Kasten, also Bienenstock, wohnt ein Volk mit einer Bienenkönigin. Alle Kästen haben eine etwas andere Farbe. Die Bienen können Farben sehr gut unterscheiden. So finden sie immer sicher nach Hause."

Petronella staunt: „Aha. Aber warum wollen sie denn einer Bienenkönigin einen Flügel abschneiden?"

„Naja. Das macht man so, damit sie mit ihrem Volk nicht über alle Berge davonfliegt und schön hier im Garten bleibt. Ich bin Imker und brauche meine Bienen."

„Warum sollte sie denn über alle Berge davonfliegen?", will Petronella wissen. „Hier ist es doch schön!"

Knut schließt die Tür zum kleinen Holzhäuschen auf und holt ein Glas Bienenhonig vom Regal.

„Nun, das ist so. Wenn eine neue Bienenkönigin schlüpft, schwärmt die alte Königin mit ungefähr der Hälfte des Volkes aus, um sich eine neue Bleibe zu suchen. Und ich komme ja nur selten. Deshalb will ich lieber, dass sie nicht so weit wegfliegt." Dann gibt er Petronella das Glas.

„Hier, schenk ich dir. Der ist sehr gesund, und du kannst damit auch Honigpflaster machen. Denn Honig hat eine heilende Wirkung."

Petronella nimmt das Glas und bedankt sich. „Dass der armen alten Bienenkönigin ein Flügel gestutzt werden soll, ist ziemlich gemein!", denkt Petronella.

Kurze Zeit später ruft sie deshalb ihre Freundin Claudia an. Gemeinsam erfinden sie einen aufregenden Plan zur Rettung und Befreiung der alten Bienenkönigin.

Bevor Imker Knut ihr einen Flügel abschneidet, muss sie schon weg sein und sicher in einem neuen Zuhause.

Petronella weiß auch schon wo das sein könnte. Ein Specht hat in die große Linde beim Kindergarten ein Nest hineingehämmert. Er wohnt aber nicht mehr dort, und Petronella vermutet, dass sein leeres Baumloch für Bienen bestimmt sehr gemütlich und gut geeignet ist.

Leise, leise, damit ihre Mutter sie nicht hört, verabredet sie sich mit Claudia.

„Nachts, wenn alle Bienen schlafen, nehmen wir den himmelblauen Kasten. Wir lassen das alte Bienenvolk dann einfach bei der Linde frei und bringen den Kasten sofort wieder zurück."

Als es endlich dunkel ist, genau um 22.30 Uhr, steht Petronella heimlich auf. Sie zieht sich ihren warmen Pullover über und schleicht sich die Treppe hinunter.

In der Hand hält sie Socken und Turnschuhe, denn barfuß kann sie besser schleichen. Die Holzdielen knarren, aber zum Glück nicht so laut. Keiner hört sie.

Nur Kordel steht an der Flurtür und wedelt erfreut mit dem Schwanz. Sie möchte mitkommen, darf aber nicht. Denn wenn Kordel nicht in ihrem Körbchen im Flur liegt, wundern sich Petronellas Eltern bestimmt und suchen den Hund. Das könnte Petronella verraten.

„Psst, Kordel. Bleib schön hier! Morgen nehme ich dich wieder mit! Husch-Husch!", flüstert Petronella.

Kordel hält den Kopf schief und trottet dann gemütlich zurück in ihr Körbchen.

Petronella öffnet vorsichtig die Tür und verschwindet nach draußen. An der Ecke wartet Claudia mit einer Taschenlampe in der Hand.

„Wenn meine Eltern merken, dass ich nicht im Bett liege, dann ist was los!"

„Komm wir beeilen uns!", sagt Petronella. „Und wir sind zurück, bevor irgendjemand etwas merkt!"

Kurz darauf stehen beide Mädchen vor dem Gartentor des verwunschenen Bienengartens. Petronella angelt den Schlüssel aus dem Versteck und schließt auf.

„Woher kennst du denn das Versteck?", fragt Claudia erstaunt.

„Ich bin eben gut vorbereitet!", antwortet Petronella verschmitzt.

Gemeinsam mit Claudia läuft sie zu den Bienenstöcken hinter dem weißen Häuschen. Im Dunkeln sieht alles sehr gespenstisch aus.

„Schlafen Bienen denn eigentlich nachts?", fragt Claudia.

Beide horchen angestrengt. Es ist ganz still.

„Bienen schlafen in der Nacht!", stellt Petronella fest.

Gemeinsam mit Claudia hebt sie den himmelblauen Bienenstock auf eine Schubkarre.

Doch jetzt braust und brummt es im Kasten.

Die Bienen sind von dem Geruckel aufgewacht. Ein paar von ihnen krabbeln schon durch das Flugloch, um ihr Volk zu verteidigen.

Die beiden Mädchen erschrecken sich, und Claudia fuchtelt im Dunkeln mit ihren Händen um sich. „Ah, Hilfe! Mich greift eine Biene an."

„Hört sofort auf! Wir wollen euch doch helfen!", meckert Petronella, setzt sich dabei auf den Boden, zieht ihre Schuhe aus und steckt so schnell sie kann ihre beiden Socken in das Flugloch.

Jetzt ist die Öffnung verstopft und keine Biene kommt mehr hinaus!

„Los geht's, wir schenken der Bienenkönigin die Freiheit!"

Petronella schiebt die Schubkarre barfuß die Straße entlang. Ihre Turnschuhe baumeln über dem Griff. Claudia läuft nebenher und sieht immer wieder um sich. Die Linde liegt weit weg am anderen Ende des Dorfes.

Ein Auto biegt um die Ecke! Scheinwerferlicht kommt immer näher.

Claudia und Petronella verstecken sich rasch in eine fremde Grundstücksauffahrt und bleiben still im Dunkeln. Nur noch das Summen im Kasten ist zu hören.

„Wenn uns jetzt jemand erwischt, ist das eigentlich Diebstahl?", fragt Claudia ängstlich.

„Keine Sorge. Uns erwischt ja keiner! Und außerdem leihen wir uns den Kasten nur aus!", beruhigt Petronella ihre Freundin.

Das Auto fährt vorbei. Erleichtert atmen die Mädchen auf. Rasch huschen sie weiter, schieben die Schubkarre über die Straße und schnell in einen schmalen Radweg. Hier kann sie kein Autofahrer mehr entdecken. Und mitten in der Nacht fährt im Dorf auch niemand mehr mit dem Fahrrad.

Nun sind es nur noch ein paar Meter zur Linde. Und dann sind sie da.

Gemeinsam hieven sie den Kasten unter den großen Baum. Claudia schiebt die Schubkarre weg, und Petronella zieht mutig die Socken aus dem Flugloch. Die ersten Bienen kommen heraus. Petronella hofft, dass sie rasch mit ihrer alten Königin ausziehen, damit sie den himmelblauen Kasten schnell in den Garten zurückbringen kann, bevor der Imker etwas merkt.

Doch nichts geschieht. Die paar verärgerten Bienen, die bereits herausgeflogen sind, beruhigen sich wieder, und bald ist es im ganzen Kasten still.

„So ein Mist!", flüstert Claudia. „Unser Plan funktioniert nicht!"

„Der wird schon noch funktionieren!", ist sich Petronella sicher.

Aber als nach langer Zeit immer noch nichts passiert ist, und sie am Ende der Straße Nachbar Schulze entdecken, der mitten in der Nacht mit seinem Dackel Gassi geht, schlägt Claudia vor, nicht länger zu warten und morgen früh wiederzukommen.

„In Ordnung. Wir hauen ab!!", flüstert Petronella und im Sausetempo huschen sie mit der Schubkarre zurück bis in den alten Garten. Dort trennen sich die beiden abenteuerlustigen Freundinnen.

Zu Hause angekommen wird Petronellas nächtlicher Ausflug nicht bemerkt. Aber Claudias Eltern erwarten ihre Tochter schon ganz beunruhigt. Und dann gibt es tatsächlich Ärger.

Claudia schwindelt und tut ganz unschuldig: „Ich konnte nicht schlafen und bin deshalb noch etwas im Dorf spazieren gegangen", behauptet sie.

„Du gehst jetzt sofort ins Bett und bleibst zur Strafe morgen den ganzen Tag hier!", meckert ihr Vater und schickt sie in ihr Zimmer.

Am kommenden Tag muss Petronella also ganz alleine zur alten Linde und nach den Bienen sehen.

Als sie dort ankommt, hört sie aus dem Kindergarten nebenan lautes Geschrei.

Eine dicke Traube Bienen hängt am Klettergerüst. Die Kindergärtnerin kreischt und treibt die Kinder ins Haus.

Der Hausmeister holt einen Gartenschlauch und richtet einen dicken Wasserstrahl mitten auf die Bienen. Der ganze Schwarm hebt ab und fliegt summend und brummend weiter in Richtung Dach.

„Die alte Bienenkönigin ist mit ihrem Volk ausgezogen!", stellt Petronella fest. „Das schöne Loch in der Linde hat sie aber leider nicht entdeckt."

Fast alle Bienen sammeln sich nun an der Dachrinne. Nur ein kleiner Schwarm summt noch um den Hausmeister, der wie wild mit den Händen fuchtelt und dann auch in das Haus flüchtet.

„Weg mit euch! Weg mit euch! Na wartet!", ruft er immer wieder. „Wir brauchen die Feuerwehr!"

Das hatte Petronella nicht gewollt! So schnell sie kann, läuft sie zum verwunschenen Garten. Das Gartentor steht offen. Knut steht bei seinen Bienenstöcken und macht ein verwundertes Gesicht.

„Zum Glück bist du da. Du musst schnell helfen!", keucht Petronella.

„Was ist denn los?", fragt der Imker verwundert. „Hast du meinen Bienenstock gestohlen?

Petronella berichtet, dass sie mit ihrer Freundin den Kasten nur ausleihen wollte, um die Königin zu befreien.

„Aber jetzt fliegen die Bienen im Kindergarten. Bestimmt haben sie ganz schlechte Laune, weil sie so unruhig geschlafen haben. Und jetzt werden sie auch noch mit Wasser bespritzt!", erzählt sie aufgeregt weiter. „Und der Hausmeister ruft gerade die Feuerwehr!"

„Na, du machst Sachen!", seufzt Knut. Rasch holt er ein paar Gegenstände aus seinem Holzhaus. Etwas, das aussieht wie ein großer Blumenbesprüher, eine Leiter und einen Holzkasten auf dem oben ein großer Blechtrichter befestigt ist.

Knut trägt alles durch den Garten und wirft die Sachen in sein Auto.

„Los, komm! Steig ein! Du musst mir zeigen, wo das ist", bestimmt er und fährt dann zusammen mit Petronella rasant zum Kindergarten.

Als sie dort ankommen, stehen alle Kinder an den Fensterscheiben und schauen mit platt gedrückten Nasen nach draußen.

Der Hausmeister hat die Bienen mit seinem Wasserstrahl inzwischen noch einmal vertrieben, und sie sind vom Dach weiter an einen Ast der Linde geflogen. In einer lang gezogenen Traube hängen sie dort herunter.

Knut stellt seine Leiter an den Baum, klettert an den Schwarm heran und benutzt dann sein Sprühgerät. Aber nicht um die Bienen zu ärgern. Das kalte zerstäubte Wasser betäubt und beruhigt sie.

Petronella steht unten an der Leiter und nimmt Knut das Sprühgerät wieder ab. Dafür muss sie ihm jetzt den Kasten mit dem Trichter hochreichen.

Knut schiebt den Trichter von unten über die Bienentraube, schüttelt den Ast an dem die Bienen hängen, und alle Bienen rutschen in den Kasten.

Schnell macht er den Deckel zu und fertig. Die Bienen sind sicher und können niemanden mehr erschrecken.

Die Kinder im Kindergarten applaudieren. Und als die Feuerwehr kommt, ist schon alles vorbei.

Die Erzieherinnen geben den Feuerwehrmännern je eine Tasse lauwarmen Rote-Beeren-Tee, und die Kinder dürfen die Sirene vom Feuerwehrauto ein paar Mal an- und ausschalten.

Petronella hat ein schrecklich schlechtes Gewissen.

„Hach, du machst Sachen!", seufzt Knut und lächelt fast gleichzeitig, während er mit Petronella durchs Dorf fährt.

„Naja. Jetzt bringe ich dich erst mal nach Hause. Wo wohnst du denn überhaupt?"

Petronella nennt ihre Adresse.

Und genau dort steht seit diesem Tag ein nagelneuer himmelblauer Bienenstock mit der alten Bienenkönigin und ihrem Volk im Garten. Ein Geschenk vom Imker Knut. Es summt und brummt, und alle Blüten werden emsig angeflogen.

Petronellas Bienenkönigin könnte mit ihrem Volk davon fliegen, wenn sie wollte. Sie will aber nicht, denn erstens hat sie dank Petronella schon sehr viel von der Welt gesehen, und zweitens ist sie viel zu beschäftigt damit, ständig Eier zu legen.

„Oh, nein! Noch mehr Tiere!", hatte Petronellas Vater zuerst gerufen. Aber dann war er, wie so oft, doch sehr schnell von den neuen Haustieren begeistert.

Über Bienen, findet Petronella, kann man überhaupt nie aufhören Neues zu lernen. Und man kann immer wieder staunen. Denn Bienen können nicht nur alle Farben unterscheiden und ihr Honig ist gesund. Sie unterhalten sich auch noch über Schwänzeltänze und sind wichtig, um Blumen zu bestäuben.

Petronellas Vater ist so begeistert von den neuen Bienen in seinem Garten, dass er sich einmal im Monat mit anderen Hobby-Imkern trifft und über den richtigen Umgang mit Bienen austauscht.

Viele der Imker beschneiden ihren Bienenköniginnen einen Flügel, aber Petronellas Vater macht das nicht.

Damit sich die Königin und ihr immer größer werdendes Volk wohlfühlen und genügend Platz haben, erweitert er die Bienenkiste ständig durch Aufstapeln einer neuen Etage.

Wenn Freunde zu Besuch kommen, zeigt Petronellas Vater ihnen stolz alles und spricht dann immer von seinen Bienen.

Aber eigentlich sind es ja Petronellas.

Wenn der Gockel
am Morgen kräht

Seit einigen Tagen scheint der sibirische Winter auch Bergluch erreicht zu haben. Das ganze Dorf hat sich in die warmen Stuben zurückgezogen. Es fahren kaum Autos, und die Straßen sind leer, bis auf den Stadtbus, der noch immer zuverlässig dreimal täglich die Haltestellen anfährt, obwohl dort kein Mensch mehr einsteigen will.

„Bei dieser Kälte hält es draußen niemand lange aus!", ist Petronella sich sicher.

„Und heute Nacht soll es noch kälter werden", liest Petronellas Vater aus der Zeitung vor. „Lasst bitte den Kamin nicht ausgehen, dann haben wir es schön warm, wenn wir in der Nacht heimkommen."

Petronellas Mutter strahlt schon den ganzen Morgen glücklich vor sich hin.

Sie sieht heute, nach dreieinhalb Jahren, endlich ihren Bruder Bernhard wieder. Der lebt schon lange in Kanada und kommt nur sehr selten nach Deutschland zu Besuch.

Petronellas Eltern wollen Bernhard vom Flughafen abholen. Er kommt am Abend in Frankfurt an. Von dort brauchen sie mehrere Stunden für den Heimweg mit dem Auto. Philine und Petronella dürfen solange alleine zu Hause bleiben.

Petronellas Mutter hat für ihren Bruder bereits am Tag zuvor das Gästezimmer vorbereitet und fleißig gebacken, gekocht und geputzt.

Die beiden Mädchen freuen sich auch auf ihren Onkel. Wenn er da ist, haben alle immer gute Laune, und es wird viel gelacht.

Als Petronella und Philine ihre Eltern verabschiedet haben, zieht Petronella ihre dicke Daunenjacke an und wickelt sich ihren langen Schal um.

„Ich gehe jetzt mal zu den Hühnern!",
sagt sie. „Ich glaube, Gockel Gregori ist es
heute zu kalt zum Gackern und zum Krähen.
So still und leise war er noch nie."

Philine lümmelt auf dem Sofa und blättert
in einem Katalog. „Mmm, mach das", sagt
sie gleichgültig.

Seit einer ganzen Woche schon geht
Petronella pünktlich morgens und abends
zum Nachbarn und füttert im kleinen
Holzstall seine Hennen und den Gockel
Gregori.

Denn Nachbar Schulze und seine Frau Gisela sind wie jedes Jahr über die Winterferien verreist. „Unter die Sonne des Südens", wie Nachbar Schulze es nennt. Petronella muss sich um seine Hühner kümmern, bis sie wieder nach Bergluch in den sibirischen Winter zurückkommen.

Sie darf dafür jeden Tag die frischen Eier aus dem Legenest behalten. Und außerdem macht ihr diese Arbeit Spaß.

Kaum öffnet Petronella die Tür, schlägt ihr die eisige Kälte entgegen. Schnell läuft sie auf dem gefrorenen Schnee zum Hühnerstall nebenan.

Der Schnee unter ihren Füßen knirscht. Petronella öffnet die Stalltür: Die vier Hennen und Gregori sitzen aufgeplustert auf der Stange.

Petronella füllt den Napf mit frischen Körnern und will den Hühnern auch frisches Wasser geben, aber das Wasser in der Gießkanne ist Eis.

Sie sammelt drei Eier aus den Nestern und stellt fest, dass die Schalen Risse haben.

„Sogar die Eier sind gefroren", stellt Petronella erschrocken fest.

Voll Mitleid sieht sie die Hühner an und beschließt, sie vom Nachbargrundstück zu sich ins Haus locken, damit sie im Stall nicht erfrieren.

„Put, put, put, kommt mit mir, ihr Süßen! In unserem Wohnzimmer ist es schön warm!", lockt sie die Hennen und den Gockel.

Petronella streut eine Spur Körner auf den Boden, und tatsächlich folgen ihr alle Hühner aus dem Stall, auf die Straße, bis zum Gartentor, eine Stufe hinauf, in ihren Garten und rund ums Haus bis zur Terrassentür.

Kordel wedelt mit dem Schwanz, als die Hennen und Gregori vorsichtig gackernd ins Wohnzimmer kommen.

Katze Mira springt vom Sessel und verzieht sich lieber nach oben in Petronellas Zimmer.

„Spinnst du, was machen denn die Hühner hier?", meckert Philine.

„Sich aufwärmen!", antwortet Petronella. „Weil es draußen so kalt ist. Und es soll heute Nacht noch kälter werden. Ihr Trinkwasser und die Eier sind schon schockgefroren!"

Philine seufzt. „Aber die machen hier doch alles voll!"

„Und wo soll ich sie sonst hintun?" „Ins Haus vom Schulze!"

„Hm." Petronella kratzt sich am Kopf. „Aber ich habe gar keinen Schlüssel!"

„Dann müssen sie eben wieder in den Stall!"

In diesem Moment gurrt Gockel Gregori ganz komisch. Ein Krähen war das jedenfalls nicht. Petronella zeigt mit dem Finger auf ihn und sieht ihre Schwester vorwurfsvoll an.

„Da hast du's! Der arme Gregori ist erkältet! Und du willst, dass er noch ganz krank wird!"

„Nein, nein, will ich nicht!", verteidigt sich Petronellas Schwester. „Aber hier bleiben können die Hühner auch nicht!"

„Dann bringen wir sie ins Badezimmer!", schlägt Petronella vor und geht einfach voraus, wieder eine Körnerspur legend. „Put, put, put!"

„Ich bin ja gespannt, was Mama dazu sagt", ruft ihr Philine hinterher. „Sie hat gerade erst alle Kacheln geputzt."

Aber Petronella lässt sich nicht abhalten und lockt alle Hennen und den Gockel mit ihrem Körnertrick weg vom warmen Kamin und rein ins Badezimmer.

Als Sitzgelegenheit für ihre Übernachtungsgäste legt sie einen Besenstiel über die Badewanne und setzt dann die Hühner und den Gockel einzeln darauf. Ihr Gefieder fühlt sich ganz warm an.

„Kalt ist euch jetzt jedenfalls nicht mehr!", freut sich Petronella.

Sie putzt sich die Zähne und wäscht sich ihre Hände. Denn mittlerweile ist es Abend geworden. Dann wünscht sie allen eine gute Nacht, macht das Licht aus und schließt die Tür.

Die Hühner und der Gockel bleiben ganz ruhig. Sie scheinen sich im frisch geputzten Badezimmer richtig wohlzufühlen.

Weil Petronellas Eltern weg sind, darf Petronella bei ihrer großen Schwester im Bett übernachten.

„Oh, Mann! Was du wieder für einen Quatsch machst", meckert Philine, als Petronella ins Zimmer kommt.

„Nie und nimmer wären der Gockel und die Hühner im Stall erfroren!"

Philine ist schon alt genug für ein eigenes Laptop und kann auch damit umgehen. An Petronella gekuschelt, surft sie im Internet herum und liest alles vor, was sie über Hühner finden kann.

„Da, schau! Hühner können wie alle Vögel ihr Gefieder aufplustern und sich so auch bei großer Kälte wärmen." Viel mehr gibt es noch zu lesen und zu entdecken. „Pinguine am Südpol können sogar bis zu minus 40 Grad aushalten."

Dennoch, so bestimmt Petronella, müssen Gockel Gregori und seine Hennen heute nicht mehr zurück in den kalten Stall. Denn auch wenn sie dort vielleicht nicht gleich erfroren wären, in einem warmen Bad ist es auf jeden Fall viel gemütlicher.

Als Petronellas Eltern spät in der Nacht nach Hause kommen, schlafen Petronella und Philine schon tief und fest.

Petronellas Vater ist der erste, der nach der langen Reise auf die Toilette muss. Er knipst das Licht an und stöhnt:

„Oh, nein! Das gibt es doch nicht!"

Vorsichtig drückt er sich an der Badewanne vorbei auf die Toilette. Immer kritisch beäugt von Gockel Gregori. Petronellas Vater bemüht sich, keine falsche Bewegung zu machen, um den Hahn nicht zu provozieren, denn Gregori scheint nicht gern im Schlaf gestört zu werden. Trotzdem muss Petronellas Vater ganz dringend auf die Toilette.

„Ruhig, ruhig! Ich tu euch ja gar nichts und bin auch gleich wieder weg!", verspricht er dem Gockel und seinen Hennen.

Wieder unten im Wohnzimmer erzählt er von seiner seltsamen Begegnung im Badezimmer.

„Ein Gockel im Badezimmer! Mich wundert ja gar nichts mehr", lacht Petronellas Onkel Berti.

Schon auf der Fahrt hatten Petronellas Eltern viel von dem erzählt, was in der langen Zeit, in der sie sich nicht gesehen hatten, vorgefallen war. Und besonders Petronellas Abenteuer waren ein interessanter Gesprächsstoff.

Nun erzählen sie einfach fröhlich weiter von sich und den Kindern – die ganze Nacht hindurch bis zum ersten Hahnenschrei.

Und das war ein ganz besonders lauter Schrei. Denn so ein „Kikeriki!" im frisch geputzten Badezimmer hat einen richtig guten Hall!

Wissenswertes über Bienen

Es gibt viele verschiedene Bienen, z. B. Hummeln, Mauerbienen und Sandbienen. Weltweit gibt es mehr als 15 000 unterschiedliche Arten! Honigbienen, denen die Imker Kisten zum Wohnen bauen, sind die bekannteste Bienenart.

Bienenvölker leben auf sehr engem Raum. Im Winter wärmen sie sich gegenseitig. Sie krabbeln ganz eng aneinander, zittern und geben so Körperwärme ab. Im Inneren des Bienenstocks wird's bis zu 35 Grad, auch wenn es draußen sehr kalt ist.

Mittendrin sitzt die wichtigste aller Bienen: die Königin, sie legt die Eier. Die Honig-Bienenkönigin ist etwas größer als die anderen Bienen, denn als Made hat sie ein besonderes Futter bekommen, das Gelee Royal.

Damit könnte sich jede weibliche junge Made zur Königin entwickeln. Aber nur die Königin bekommt eben dieses besondere Königinnenfutter. Eine Bienenkönigin wird etwa fünf Jahre alt und kann bis zu 500 000 Eier legen!

Die Arbeiterinnen leben etwa sechs Wochen. Wenn sie groß sind, fliegen sie aus, um Nektar (Blütensirup) und Pollen (Blütenstaub) zu sammeln. Davor müssen sie putzen, Maden füttern und die Waben der Maden verdeckeln, damit diese sich darin verpuppen können.

Sie müssen Honig und Pollen einlagern, Waben bauen und den Eingang zum Bienenvolk bewachen.

Die männlichen Honig-Bienen heißen Drohnen. Ihre Aufgabe ist es, sich mit einer Königin zu paaren.

Wenn sie das geschafft haben, sterben sie. Drohnen leben nur 30 bis 40 Tage.

Bienen orientieren sich an der Sonne. Mit ihren besonderen Augen können sie die Sonne auch durch die Wolken hindurchsehen. Sie merken sich den Stand der Sonne und finden sich so immer sicher zurecht.

Wenn eine Honigbiene auf ihrem Flug Nektar, Pollen oder auch Wasser gefunden hat, gibt sie den anderen Arbeiterinnen etwas davon ab und teilt ihnen den Fundort durch den Schwänzeltanz mit. Sie läuft dabei immer im Halbkreis und wackelt mit dem Hinterteil. Die Bienenschwestern können daran ablesen, in welcher Richtung zur Sonne und in welcher Entfernung die Futterquelle ist.

Für uns Menschen sind die Bienen wegen des gesunden Honigs wichtig.

Sie machen ihn aus Nektar und geben zum haltbar machen ihre Spucke dazu.

Sie lagern den Honig als Winterfutter in Waben ein und arbeiten hierfür sehr hart. Um ein Glas Honig zu produzieren, müssen Bienen weit fliegen, eine Strecke, so lang wie zweimal um die Erde.

Noch viel mehr leisten die Bienen, indem sie Blüten bestäuben. Bestäubung ist der Transport von männlichen Pollen auf den weiblichen Stempel einer Blüte.

Dadurch, dass die Bienen von Blüte zu Blüte fliegen, nehmen sie an ihren Körperhaaren immer etwas Pollen mit und erledigen diese wichtige Arbeit ganz nebenbei. Aus Stempel und Pollen kann sich eine Frucht entwickeln. Ohne Bienen gäbe es also viel weniger Früchte. Ganz besonders bei Obst, Äpfeln, Kirschen, Birnen, Pfirsichen, aber auch bei Erbsen, Kürbissen, Raps und vielen weiteren Pflanzen sind Honigbienen die Haupt-Bestäuber.

Imker sein, ist gar nicht so schwer. Man benötigt nicht einmal einen Garten. Die Bienenkästen können z. B. auch auf dem Dach oder dem Balkon aufgestellt werden. Es gibt viele junge und noch mehr alte Imker, die ihr Wissen gerne teilen. Den Verein in deiner Nähe kannst du ganz leicht über die Internetseite des deutschen Imkerbundes finden.

www.deutscherimkerbund.de

Viel Spaß beim Imkern wünscht:

Dr. med. Knut Horst,
Imker aus Falkensee

Mehr von Petronella Glückschuh: Tierkindergeschichten

Wenn Petronella groß ist, wird sie Tierforscherin. Das steht fest. Bis sie alleine mit ihren Reisen in die Ferne beginnen kann, lebt sie in einem kleinen Dorf. Hier kennt sie jeden, und jeder kennt sie. Voller Forscherdrang erlebt sie viele Abenteuer mit Tierkindern, der Katze Mira, einem Rehkitz, der Schildkröte Charlie oder einem schaukelnden Igel.

112 Seiten, reich illustriert mit 50 farbigen Abbildungen von Christian Puille

AG Jugendliteratur und Medien der GEW: Prädikat „sehr empfehlenswert"

„Etwas von der Roten Zora, etwas von Pipi Langstrumpf …" Reziratte

Beim ekz Bibliotheksservice „Überall empfohlen"

„Mit ihren ungewöhnlichen Entdeckungen schafft es Petronella, Großes im Kleinen verständlich aufzuzeigen." LandKIND

Buch: ISBN 978-3-943030-01-3
Ebook: 978-3-943030-11-2
Hörbuch: ISBN 978-3-00-033046-9